Correspondant
pourrait proposer un accord
Entretien
Istanbul
Laurent Zecchini

HÄDECKE

Anne-Catherine Bley

GAZPACHO!

Die besten Rezepte für kalte Suppen aus aller Welt

Fotos: Charlotte Lascève

DIE GRUNDLAGEN

GAZPACHOS

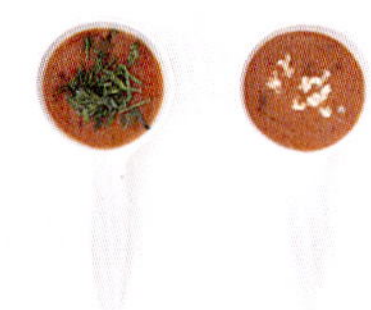

SCHNELLE GAZPACHOS

KALTE SUPPEN-VARIATIONEN

KALT-SCHALEN

EINFÜHRUNG

GAZPACHO ODER KALTE SUPPE?

Die Gazpacho stammt aus Andalusien, dem Süden Spaniens, wo Sonne und Wärme sommerliche Gemüse aromatisch und vollreif wachsen lassen. Ursprünglich war sie ein Arme-Leute-Essen – Brot wurde in ein Püree aus Tomaten, Knoblauch und Olivenöl getunkt. Mittlerweile hat die Gazpacho eine steile Karriere gemacht und ihr Name wird heute oft synonym für kalte Suppen gebraucht. Genau genommen ist sie eine kalte Suppe auf der Basis von Tomaten, Paprika, Salatgurken, Knoblauch und Olivenöl. Aber es gibt zahlreiche Variationen mit anderen Sommergemüsen und sogar mit Früchten. Kalte Suppen können mit rohem Gemüse (Gurke, Wassermelone usw.) oder auch mit gegartem und dann abgekühltem Gemüse zubereitet werden. Einige Rezepte tragen den Zusatz „schnell", da sie fix zubereitet sind – einfach pürieren und fertig!

ZUBEHÖR

Folgende Küchenutensilien benötigen Sie für die Zubereitung dieser köstlichen Sommersuppen:
Ein Schneidebrett und ein gutes Messer sind einfach unentbehrlich!

MIXER

Standmixer, Küchenmaschine oder Pürierstab – ein Mixer ist unentbehrlich, damit die Gazpacho schön sämig wird. Wobei es von Ihrem ganz persönlichen Geschmack abhängt, ob Sie die Suppe nur grob zerkleinern, da Sie es lieber bissfest mögen, oder beinahe glatt pürieren. Knoblauch und Zwiebeln sollten aber immer fein geschnitten werden. Es gibt hier weder Regeln noch Konventionen!

TOPF

Einige kalte Suppen müssen zuerst gekocht werden – dafür benötigen Sie einen guten Topf. Denken Sie daran, die Suppen rechtzeitig zuzubereiten, denn sie sollten wirklich eiskalt gegessen werden!

TIPPS UND TRICKS

GEMÜSESÄFTE

Für einige der schnellen Rezepte können Sie als Ersatz auch gekaufte Gemüsesäfte verwenden, allerdings ist das Ergebnis dann eher ein Drink als eine Suppe.

KÜHLEN & SERVIEREN

Die Zubereitung der Suppen dauert nicht lang, allerdings sollte man sie vor dem Verzehr mindestens eine Stunde in den Kühlschrank stellen, damit sie wirklich durch und durch kalt sind. Vor dem Servieren noch einmal kurz mit dem Schneebesen oder dem Pürierstab durchrühren, damit die Suppe schön sämig ist.

EINFRIEREN

Suppen aus rohem Gemüse lassen sich schlecht einfrieren, da sich dabei Wasser und feste Gemüseanteile trennen und das Ergebnis nicht gerade appetitlich aussieht. Gekochte Suppen lassen sich hingegen gut einfrieren.

GEMÜSE

TOMATEN

Eine Gazpacho ohne Tomaten? Schwer vorstellbar – wählen Sie deshalb aromatische, reife Früchte aus. Es gibt viele schmackhafte Sorten in Rot, Gelb, Orange und Grün. Wichtig ist, dass sie reif und saftig sind! Freilandtomaten haben manchmal eine etwas dickere Haut. In diesem Fall sollten Sie sie besser häuten. Dafür die Tomaten einfach auf eine Gabel stecken, 30 Sekunden in kochendes Wasser halten und sofort die Haut abziehen. Außerhalb der Sommersaison wählen Sie für einen wunderbaren Geschmack eher sonnengereifte geschälte Dosentomaten anstatt geschmackloser, unreifer Treibhaustomaten.

GURKEN UND ZUCCHINI

Salatgurken und Zucchini sollten fest und knackig sein, Länge und Dicke spielen keine Rolle. Bevorzugen Sie unbehandelte Bio-Salatgurken, damit Sie die Schale mit verwenden können – die grüne Farbe ist häufig für Optik und Geschmack des Rezepts wichtig. Gurkenschale waschen; ist sie sehr dick, Gurke mit einem Sparschäler streifig schälen. Die Kerne aufbewahren und pürieren – sie sind dann nicht mehr unverdaulich und binden Wasser. Die Zucchini wird nur gewaschen. Egal ob roh oder gekocht, aus ihr lassen sich wunderbare Suppen zaubern.

PAPRIKA

Rot, Gelb oder Grün – bei der Paprika ist es eher eine Frage der Farbe als des Geschmacks. Rote und gelbe Schoten sind meist ein wenig süßer, diese Nuance schmeckt man zwischen all den anderen Zutaten aber kaum. Wählen Sie also einfach die Farbe, die Ihnen am besten gefällt! Paprikaschoten halbieren, die weißen Häutchen und Kerne entfernen und waschen.

ZWIEBELN

Im Sommer sind es häufig junge weiße Zwiebeln oder die weißen Knollen großer Lauchzwiebeln, die den kalten Suppen ihr Aroma verleihen. Frisch und knackig sind sie geradezu perfekt. Aber auch Frühlingszwiebeln und rote Zwiebeln eignen sich für eine Gazpacho, bei „normalen“ Zwiebeln sollten Sie möglichst kleine auswählen.

SPINAT UND ERBSEN

Nutzen Sie in der Sommerzeit frischen Spinat und frische Erbsen, auch wenn beide Gemüse etwas zeitaufwendiger in der Zubereitung sind. Außerhalb der Saison eignet sich TK-Ware, die rasch zu verarbeiten ist.

KRÄUTER UND GEWÜRZE

KNOBLAUCH
Ein Muss! Wenn man ihn für 30 Sekunden in ein Glas mit heißem Wasser gibt, lässt er sich leicht schälen. Da Knoblauch für Gazpachos roh verwendet wird, sollten Sie unbedingt den bitteren Keim aus der Mitte entfernen, der die ganze Knoblauchzehe sonst schnell ungenießbar machen kann.

THYMIAN
Thymian schmeckt hervorragend aromatisch zu Sommergemüsen und Tomaten. Thymianblüten sind zusätzlich noch sehr dekorativ.

KORIANDER, BASILIKUM, MINZE UND SCHNITTLAUCH
Diese sehr wohlriechenden Kräuter werden vor dem Servieren über die kalte Suppe gestreut, um ihnen ein ganz besonderes Aroma zu verleihen. Wenn die Kräuter nicht mehr ganz frisch sind und bereits die Blätter hängen lassen, sollte man sie 10 Minuten in heißes, aber nicht kochendes Wasser tauchen, trocken tupfen und anschließend 15 Minuten ins Gefrierfach legen, dann sind sie fast wieder wie neu!

DILL
Sein leichter Anisgeschmack passt hervorragend zu Gurken.

ZITRONE
Zitrone oder Limette – ihr Saft verleiht vielen Rezepten häufig das i-Tüpfelchen sommerlicher Frische. Feine Streifen der unbehandelten Schale sind obendrein ein Augenschmaus.

OLIVENÖL
Die Qualität des Olivenöls ist gerade in roh zubereiteten Gazpachos entscheidend, daher sollten Sie stets ein hochwertiges Öl wählen.

TABASCO UND CHILI
Moderat verwendet, gibt ihre Schärfe einigen Gerichten genau den richtigen Kick.

DEKORATION

ALLERLEI ZUM DARÜBERSTREUEN

BROT, CROÛTONS, CRACKER, GRISSINI …
Alles, was knusprig und kross ist, ist willkommen.

KLEINE GEMÜSEWÜRFEL
Gurken, Paprika, rote Zwiebeln, Kirschtomaten – und sogar in Scheiben geschnittener Fenchel.

HART GEKOCHTE EIER
Geviertelt, klein geschnitten oder mit der Gabel zerdrückt.

BACONSTREIFEN
In einer Pfanne ohne Fett kross gebraten oder im Ofen getrocknet und in Streifen geschnitten.

ROHER SCHINKEN
In kleine Würfel geschnitten – am authentischsten ist natürlich Serranoschinken.

GEBRATENES HÄHNCHEN
Ein klein gewürfeltes Hähnchenschnitzel in der Pfanne braten.

OLIVEN
Als Tapenade oder klein gewürfelt.

SCAMPI, KRABBEN ODER GARNELEN

Natur, mariniert oder gegart – vor der Verwendung kalt abbrausen und trocken tupfen.

KREBSFLEISCH

Klein gehackt.

ZIEGEN- ODER SCHAFSKÄSE

Zerbröckelt oder in kleine Würfel geschnitten

BEILAGEN ZUR GAZPACHO

Diese kleinen Happen nehmen nicht viel Zeit in Anspruch und ergeben mit einer Gazpacho eine komplette Mahlzeit. Das Wichtigste dabei ist ein sehr gutes Brot!

TOMATENBROT

FÜR 4 PORTIONEN

1–2 **Knoblauchzehen**, 4 leicht geröstete, dicke **Bauernbrotscheiben**, 4 reife **Tomaten**, **Olivenöl**, **Salz**

Knoblauchzehen abziehen, halbieren und die Brotscheiben damit einreiben. Tomaten halbieren, Stielansatz entfernen und mit jeder Tomatenhälfte über 1 Brotscheibe streichen und so das Fruchtfleisch darauf zerreiben. Etwas Olivenöl darüberträufeln und mit grobem Salz bestreuen – fertig!
Genauso gut können Sie Tomaten mit Knoblauch, Öl und etwas Salz im Mixer grob zerkleinern.

BROT MIT RÜHREI

FÜR 4 PORTIONEN

½ **Vollkornbaguette**, 8 **Eier**, 200 ml **Sahne**, **Salz**, **geriebene Muskatnuss**, **Schnittlauchröllchen**

Das Baguette längs halbieren und noch jeweils einmal durchschneiden. Die Eier mit der Sahne verquirlen, mit Salz und Muskat würzen. Die Eiersahne in einer beschichteten Pfanne ein paar Minuten braten und immer wieder umrühren. Die Ränder der Eimischung nicht anbraten lassen. Die Eier so lange garen, wie Sie sie am liebsten mögen.
Anschließend auf die Brotscheiben verteilen und mit Schnittlauchröllchen bestreuen.

SARDINENPASTE

FÜR 4 PORTIONEN

2 Dosen **in Olivenöl eingelegte Sardinen**, 20 g weiche **Butter**, **Saft** von 1 **Zitrone** oder etwas **Piment d'Espelette** * (nach Geschmack), 4 **Vollkornbrotscheiben**

Die Sardinen abtropfen lassen, mit einer Gabel zerdrücken und mit der Butter mischen. Je nach Geschmack mit Zitronensaft oder Piment d'Espelette würzen und großzügig auf den Brotscheiben verstreichen.

* Piment d'Espelette, siehe Anmerkung auf Seite 46.

FÜR 6 PORTIONEN / ZUBEREITUNGSZEIT 35 MINUTEN / KÜHLZEIT 2 STUNDEN

ANDALUSISCHE GAZPACHO

600 g **Tomaten**

1 **Salatgurke**

1 **grüne Paprikaschote**

1 **rote Zwiebel**

2 **Knoblauchzehen**

6–8 Scheiben **Baguette**

4 EL **Weinessig**

4 EL **Olivenöl**

1 EL **Tomatenmark**

ca. 750 ml **Wasser**

Salz

Pfeffer

1. Tomaten und Gurke waschen, Stielansätze der Tomaten entfernen. Paprika halbieren, entkernen und waschen. Gurke schälen, Zwiebel und Knoblauch abziehen. Je ein Viertel Gurke, Zwiebel und Paprika sowie 3 Brotscheiben beiseitelegen.

2. Tomaten in Stücke schneiden. Übrige Gurke und Zwiebel grob hacken. Übrige Paprika in Streifen schneiden. Knoblauch grob zerdrücken. Die Rinde der übrigen Brotscheiben abschneiden und das Brot in Stücke zupfen.

3. Alle Zutaten in einem Mixer pürieren und nach und nach Essig, Öl und Tomatenmark zugeben. So viel Wasser zugießen, bis die Suppe die richtige Konsistenz hat. Mit Salz und Pfeffer abschmecken und 2 Stunden in den Kühlschrank stellen.

4. Beiseitegestelltes Gemüse klein würfeln, das übrige Brot rösten und in kleine Würfel schneiden. Gemüsewürfel und Croûtons zur Gazpacho reichen.

FÜR 10 PORTIONEN / ZUBEREITUNGSZEIT 30 MINUTEN / KÜHLZEIT 1 STUNDE

MEINE LIEBLINGSGAZPACHO

4 **junge weiße Zwiebeln**

2 **Knoblauchzehen**

1 **grüne** oder **gelbe Paprikaschote**

1 **Salatgurke**

1,3 kg **reife Tomaten** oder **Dosentomaten**

Salz

Pfeffer

½ TL **Puderzucker**

3 EL **Aceto balsamico**

3 EL **Olivenöl**

200 ml **Wasser**

Tabasco

1. Zwiebeln und Knoblauch abziehen und klein hacken. Paprika halbieren, entkernen, waschen und in dünne Streifen schneiden. Gurke und frische Tomaten waschen, Stielansätze der Tomaten entfernen. Die Gurke nach Belieben streifig schälen und in kleine Würfel schneiden. Die Tomaten entkernen und das Fruchtfleisch klein schneiden.

2. Das Gemüse in einen Mixer geben. Salz, Pfeffer, Puderzucker, Essig und Öl hinzufügen. Grob mixen und so viel Wasser zugießen, bis die Mischung die Konsistenz einer Suppe bekommt. Erneut mit Salz und Pfeffer abschmecken und je nach Geschmack noch Essig oder Tabasco zufügen. Gazpacho mindestens 1 Stunde in den Kühlschrank stellen. Gazpacho nach Geschmack mit Brot servieren.

HINWEIS

Meine Gazpacho ist recht unorthodox: Zum einen verwende ich kein Brot, auch wenn es als Beilage oder in Form von Croûtons hübsch aussieht. Zum anderen mische ich italienische und amerikanische Zutaten und püriere sie nicht vollständig. Besonders knackig und lecker schmecken dazu ein paar Gurken- und Paprikawürfel.

BRAND

VARIATIONEN DER GAZPACHO

Die Original-Gazpacho ist eine Suppe aus rohen Gemüsesorten, die man im Sommer in Andalusien findet: vor allem natürlich Tomaten, aber auch Gurken, Paprika, Zwiebeln und Knoblauch. Eine Grundlage, auf der es sich gut experimentieren lässt …

PIKANT OHNE KNOBLAUCH

Falls Sie Knoblauch nicht mögen, lassen Sie ihn einfach weg und verwenden stattdessen etwas mehr Essig oder Chili, damit die Gazpacho eine pikante Note bekommt.

OHNE GURKE

Wenn Sie Gurke schlecht vertragen, verzichten Sie einfach darauf. Der Tomatengeschmack wird dadurch etwas intensiver, zusätzlich sollten Sie dann Brot und eventuell eine Prise Zucker hinzufügen.

ULTRASCHNELLE VARIANTE

Mogeln Sie einfach ein bisschen und verfeinern Sie eine servierfertig gekaufte Gazpacho mit frischen Zutaten wie Gurke, Lauchzwiebel oder Knoblauch.

VARIATION DER KONSISTENZ

Je nachdem, ob sie die Suppe als Hauptgang, kleine Vorspeise oder Aperitif servieren wollen, pürieren Sie die Zutaten entweder nur grob oder mischen Sie sogar etwas Wasser unter und mixen die Zutaten so lange, bis Sie einen erfrischenden Saft servieren können – als Grundlage hierfür eignet sich auch fertiger Tomatensaft.

MIT BASILIKUM

Und warum sollten Sie kein Basilikum für eine Gazpacho verwenden? Oder frisches Koriandergrün?
Für 4 Portionen einfach 12 Basilikumblätter nehmen. Etwa 6 davon mit den übrigen Zutaten pürieren und den Rest klein gehackt vor dem Servieren über die fertige Suppe streuen.

FÜR 6 PORTIONEN / ZUBEREITUNGSZEIT 30 MINUTEN / KÜHLZEIT 1 STUNDE

GRÜNE GAZPACHO

2 **Salatgurken**

2 **grüne Tomaten**

4 **junge weiße Zwiebeln**

½ **grüne Paprikaschote**

2 **Knoblauchzehen**

5 EL **Olivenöl**

2 EL **Essig**

Saft von 1 **Limette**

500 ml **Wasser**

grüne Tabasco- oder **Chilisauce**

Salz

1 kleines Bund **Koriandergrün**

1. Gurken und Tomaten waschen, Stielansätze der Tomaten entfernen, Zwiebeln abziehen, Gurke nach Geschmack streifig schälen. 1 ½ Gurken, 1 Tomate und Zwiebeln in Stücke schneiden. ½ Gurke, 1 Tomate und Paprika beiseitelegen. Knoblauch abziehen und zerdrücken.

2. Gemüsestücke in den Mixer geben, Öl, Essig und Limettensaft zugießen und alles pürieren. Nach und nach Wasser zugießen, bis eine recht flüssige Suppe entsteht. Mit ein paar Tropfen Tabasco würzen, nach Geschmack salzen und mindestens 1 Stunde kühl stellen.

3. Koriander waschen, trocken schütteln und die Blättchen abzupfen. Beiseitegestelltes Gemüse fein würfeln. Gemüse und Koriander vor dem Servieren über die Gazpacho streuen.

FÜR 4 PORTIONEN / ZUBEREITUNGSZEIT 30 MINUTEN / KÜHLZEIT 1 STUNDE

WEISSE GAZPACHO MIT TRAUBEN

300 g **kernlose grüne Weintrauben**

2 **Knoblauchzehen**

4 Scheiben **Toastbrot**

500 ml **Wasser**

200 g **Mandelkerne** (ohne Haut)

100 ml halbtrockener **Weißwein**

3 EL **Olivenöl**

Salz

Pfeffer

Aceto balsamico biancho (nach Geschmack)

1. Trauben waschen und die Hälfte im Kühlschrank beiseitestellen. Knoblauch abziehen und zerdrücken. Die Rinde vom Toastbrot abschneiden.

2. Das Brot in eine Küchenmaschine geben, mit etwas Wasser befeuchten. Mandeln, Knoblauch, Trauben, Weißwein und Olivenöl zugeben und mit Salz und Pfeffer würzen. Mixen und übriges Wasser nach und nach zugießen, bis eine sämige Suppe entsteht. Eventuell noch 1 EL Essig hinzufügen und mit Salz und Pfeffer abschmecken. Mindestens 1 Stunde im Kühlschrank aufbewahren.

3. Die beiseitegestellten Trauben vor dem Servieren zugeben.

TIPP

Haben die Trauben eine sehr dicke Schale, dann häuten Sie sie besser: Dafür werden die Weintrauben 30 Sekunden in kochendes Wasser getaucht und anschließend gehäutet.

FÜR 4 PORTIONEN / ZUBEREITUNGSZEIT 20 MINUTEN / KÜHLZEIT 1 STUNDE

MANDELGAZPACHO MIT MELONE

1 **Knoblauchzehe**

200 g **Mandeln** (ohne Haut)

200 g **Toastbrot**

600 ml **Wasser**

2 EL **Olivenöl**

Salz

Pfeffer

1 EL **Sherryessig** oder **Aceto balsamico**

1 **Cantaloup-** oder **Cavaillon-Melone**

1. Den Knoblauch abziehen und zerdrücken. Mandeln, Knoblauch und Brot in der Küchenmaschine zerkleinern und bei laufendem Motor nach und nach Wasser und Öl zugießen. Nach Geschmack mit Salz, Pfeffer und Essig würzen – und nicht vergessen, dass die Melone der Suppe noch eine süße Note verleiht. Mindestens 1 Stunde in den Kühlschrank stellen.

2. Melone halbieren, entkernen und in kleine Stückchen schneiden oder Kugeln ausstechen.* Melonenstücke oder -kugeln kühl stellen.

3. Die Gazpacho vor dem Servieren in Schälchen verteilen und mit den Melonenkugeln garnieren. Sehr kalt genießen.

* Mit einem Kugelausstecher (Pariser Messer) lassen sich schöne runde Kugeln aus der Melone ausstechen.

FÜR 6 PORTIONEN / ZUBEREITUNGSZEIT 20 MINUTEN / KÜHLZEIT 1 STUNDE

GRIECHISCHE GAZPACHO

1 **Salatgurke**

je 1 **rote, grüne und gelbe Paprikaschote**

2 **Knoblauchzehen**

200 g **entsteinte schwarze Oliven (nach Geschmack)**

1 l **Tomatensaft**

2 EL **Olivenöl**

1 EL **Weinessig**

Salz

Pfeffer

100 g **Feta** (Schafskäse)

1. Gurke waschen. Paprikaschoten halbieren, entkernen und waschen.

2. Knoblauch abziehen. Ein Drittel der Oliven grob hacken und den Rest beiseitestellen.

3. Vorbereitete Zutaten und Tomatensaft in den Mixer geben. Olivenöl, Essig, Salz und Pfeffer zugeben und alles nur grob pürieren, sodass die Farben der einzelnen Zutaten gut sichtbar bleiben. Salzen, pfeffern und mindestens 1 Stunde in den Kühlschrank stellen.

4. Den Feta zerkrümeln und nach Geschmack mit den beiseitegestellten Oliven vor dem Servieren über die Gazpacho streuen.

FÜR 4 PORTIONEN ∕ ZUBEREITUNGSZEIT 20 MINUTEN ∕ KÜHLZEIT 1 STUNDE

GAZPACHO À LA BLOODY MARY

2 Stangen **Staudensellerie**

800 g **sehr reife Tomaten**

1 **unbehandelte Bio-Limette**

1 EL **Olivenöl**

Salz

Pfeffer

100 ml **Wodka**

Tabasco

1 EL **Worcestersauce**

1. Sellerie putzen, waschen und in sehr kleine Würfel schneiden. Das Grün beiseitelegen. Tomaten waschen, jeweils Stielansatz entfernen und die Tomaten in Stücke schneiden. Limette heiß waschen, abtrocknen und mit dem Zestenreißer einige feine Streifen Schale abziehen, den Saft auspressen.

2. Tomaten, Sellerie, Olivenöl und Limettensaft mixen und mit Salz und Pfeffer würzen. Die Konsistenz sollte sämig sein. Mit Wodka, Tabasco und Worcestersauce abschmecken. Mindestens 1 Stunde in den Kühlschrank stellen.

3. Vor dem Servieren mit Limettenschale und Selleriegrün garnieren.

FÜR 4 PORTIONEN / ZUBEREITUNGSZEIT 20 MINUTEN / KÜHLZEIT 1 STUNDE

GAZPACHO MIT ZITRUSFRÜCHTEN

4 **sehr reife Tomaten**

1 **Salatgurke**

½ **grüne Paprikaschote**

2 **Knoblauchzehen**

Saft von 1 **Orange**

Saft von 1 **Grapefruit**

Saft von 1 **Limette**

2 EL **Olivenöl**

Salz

Pfeffer

1 kleines Bund **Koriandergrün**

1. Tomaten und Gurke waschen, Stielansätze der Tomaten entfernen. Paprika halbieren, entkernen und waschen. Gemüse in sehr kleine Würfel schneiden. Knoblauch abziehen und grob zerdrücken.

2. Vorbereitete Zutaten mit den Zitrussäften und dem Olivenöl in den Mixer geben, pürieren und mit Salz und Pfeffer würzen. Mindestens 1 Stunde kühl stellen.

3. Koriandergrün waschen, trocken schütteln und die Blättchen vor dem Servieren über die Gazpacho streuen.

FÜR 4 PORTIONEN / ZUBEREITUNGSZEIT 20 MINUTEN / KÜHLZEIT 1 STUNDE

WASSERMELONEN-GAZPACHO

1 **Salatgurke**

1 **rote Paprikaschote**

½ **sehr reife Wassermelone**

2 **Knoblauchzehen**

1 **rote Zwiebel**

200 ml **Orangensaft**

3 EL **Aceto balsamico**

Salz

Pfeffer

Tabasco (nach Geschmack)

1. Gurke waschen. Paprika halbieren, entkernen und waschen. 1 dünne Scheibe Wassermelone, ¼ Gurke und ¼ Paprika beiseitelegen.

2. Restliche Wassermelone entkernen und in Würfel schneiden. Übrige Gurke schälen, mit der übrigen Paprika in Stücke schneiden. Knoblauch und Zwiebel abziehen und fein hacken.

3. Vorbereitete Zutaten mit Orangensaft und Essig im Mixer pürieren. Eventuell etwas Wasser hinzugießen, bis eine flüssige Suppe entsteht. Salzen, pfeffern und nach Geschmack mit ein paar Tropfen Tabasco würzen. Mindestens 1 Stunde in den Kühlschrank stellen.

4. Beiseitegelegte Wassermelone und Gemüse klein würfeln und vor dem Servieren über die Gazpacho streuen.

FÜR 6 PORTIONEN / ZUBEREITUNGSZEIT 30 MINUTEN / KÜHLZEIT 30 MINUTEN

MANGO-GAZPACHO

2 **Mangos**

6 **Tomaten**

1 **Salatgurke**

1 kleine **milde Chilischote** oder etwas **Tabasco**

1 **unbehandelte Bio-Limette**

1 TL **Puderzucker**

1 EL **Sojasauce**

Salz

1 kleines Bund **Koriandergrün**

1. Mangos schälen und vom Stein schneiden. Die Hälfte vom Fruchtfleisch in kleine Würfel schneiden und in den Kühlschrank stellen.

2. Tomaten waschen, Stielansätze jeweils entfernen und die Tomaten in Stücke schneiden. Die Gurke schälen und klein schneiden. Chilischote halbieren, entkernen und fein hacken. Limette heiß abwaschen, abtrocknen, die Schale fein abreiben und den Saft auspressen.

3. Vorbereitete Zutaten und das übrige Mangofruchtfleisch in der Küchenmaschine mit dem Puderzucker und der Sojasauce pürieren und salzen. Mindestens 30 Minuten in den Kühlschrank stellen.

4. Koriandergrün waschen, trocken schütteln und die Blättchen abzupfen. Die Gazpacho in Schälchen füllen und mit den gekühlten Mangowürfeln und Korianderblättchen garnieren.

FÜR 4 PORTIONEN / ZUBEREITUNGSZEIT 15 MINUTEN / KÜHLZEIT 2 STUNDEN

ZUCCHINI-GAZPACHO MIT MINZE

5 **Zucchini**

2 **junge weiße Zwiebeln**

1 **Knoblauchzehe**

100 ml **Olivenöl**

Saft von 1 **Zitrone**

4 Stiele **Minze**

250 ml **Wasser**

Salz

Pfeffer

1. Die Zucchini waschen, putzen, klein würfeln oder grob raspeln. Zwiebeln und Knoblauch abziehen, beides fein hacken.

2. Vorbereitete Zutaten mit Öl und Zitronensaft mischen und mindestens 1 Stunde im Kühlschrank marinieren lassen.

3. Die Minze waschen, trocken schütteln und die Blätter abzupfen. Die marinierte Mischung im Mixer grob pürieren und dabei Wasser und 3–4 Minzeblätter hinzufügen. Mit Salz und Pfeffer abschmecken. Die restliche Minze ganz fein hacken, einrühren und die Gazpacho mindestens 1 Stunde in den Kühlschrank stellen.

TIPP

Rohen Lachs in Sushi-Qualität in dünne Scheiben schneiden und dazu reichen.

FÜR 4 PORTIONEN / ZUBEREITUNGSZEIT 15 MINUTEN / KÜHLZEIT 30 MINUTEN

APFEL-MÖHREN-SUPPE MIT INGWER

2 **Äpfel**

750 ml **Möhrensaft** aus der Flasche

Saft von ½ **Zitrone**

2 TL **frisch geriebener Ingwer**

Salz

Pfeffer

1. Die Äpfel schälen, vierteln, entkernen und in Stücke schneiden.

2. Äpfel, Möhren- und Zitronensaft sowie den Ingwer in einen Mixer geben, pürieren und mit Salz und Pfeffer abschmecken. Die Suppe mindestens 30 Minuten kühl stellen.

3. Die Möhrensuppe eiskalt servieren.

FÜR 4 PORTIONEN / ZUBEREITUNGSZEIT 15 MINUTEN / KÜHLZEIT 1 STUNDE

GURKEN-MILCHSHAKE

MIT DILL UND KREBSFLEISCH

1 **Salatgurke**

1 kleines Bund **Dill**

1 **Lauchzwiebel**

750 ml **Milch**

Salz

Pfeffer

frisch geriebene Muskatnuss

150 g **Krebsfleisch** (Dose)

1. Die Gurke waschen und in Stücke schneiden. Den Dill waschen, trocken schütteln, von den Stielen zupfen und grob hacken. Die Lauchzwiebel waschen, putzen und in Stücke schneiden.

2. Gurke, Dill, Lauchzwiebel und Milch im Mixer pürieren und mit Salz, Pfeffer und Muskat abschmecken. Mindestens 1 Stunde kühl stellen.

3. Den Gurken-Milchshake vor dem Servieren gut mixen bzw. aufschäumen und nach Geschmack mit dem Krebsfleisch eiskalt servieren.

FÜR 4 PORTIONEN / ZUBEREITUNGSZEIT 15 MINUTEN / KÜHLZEIT 1 STUNDE

ROTE-BETE-GAZPACHO MIT ORANGE

3 **gekochte Rote Bete**

1 **Schalotte**

1 **unbehandelten Bio-Orange**

Saft von 3 **Orangen** (400 ml)

1 TL **Puderzucker**

1 TL **Aceto balsamico**

Salz

Crème fraîche (nach Geschmack)

1. Die Rote Bete schälen und grob zerteilen. Die Schalotte abziehen und klein hacken. Bio-Orange heiß waschen, abtrocknen und mit einem Zestenreißer dünne Streifen von der Schale abziehen.

2. Vorbereitete Zutaten mit Orangensaft, Puderzucker und Essig im Mixer pürieren und so viel Wasser zugießen, bis die Konsistenz stimmt, salzen. Mit Orangenzesten bestreuen und 1 Stunde in den Kühlschrank stellen.

3. Gazpacho nach Geschmack mit 1 TL Crème fraîche garnieren und kalt servieren.

FÜR 6 PORTIONEN / ZUBEREITUNGSZEIT 20 MINUTEN / KÜHLZEIT 1 STUNDE

MÖHREN, TOMATEN UND SELLERIE

500 g **Tomaten**

800 g **junge Möhren**

3 Stangen **Staudensellerie**

ca. 250 ml **Wasser**

Salz

Pfeffer

Tabasco

1. Die Tomaten waschen, den Stielansatz jeweils entfernen. Die Möhren putzen und schälen. Den Sellerie waschen und putzen.

2. Gemüse mit Wasser mischen und pürieren. Nach Geschmack mit Salz, Pfeffer und Tabasco würzen. Mindestens 1 Stunde kühl stellen.

TIPP
Dieser Vitamindrink eignet sich eiskalt serviert als alkoholfreier und gesunder Aperitif.

FÜR 4 PORTIONEN / ZUBEREITUNGSZEIT 5 MINUTEN / KÜHLZEIT 30 MINUTEN

TOMATEN-SARDINEN-GAZPACHO

1 Dose **in Öl eingelegte Sardinen**

500 ml **passierte Tomaten**

Salz

Pfeffer

250 ml **Wasser**

Saft von 1 **Zitrone**

Piment d'Espelette*

1. Die abgetropften Sardinen mit den passierten Tomaten im Mixer pürieren. Nach und nach das Wasser und den Zitronensaft zugießen. Mit Salz und Pfeffer abschmecken und mit etwas Piment d'Espelette würzen.

2. Vor dem Servieren mindestens 30 Minuten in den Kühlschrank stellen.

* Piment d'Espelette ist ein Pfeffer aus der roten Gewürzpaprika. Er wird frisch oder getrocknet verwendet und ist im Geschmack milder als Chili.

FÜR 4 PORTIONEN / ZUBEREITUNGSZEIT 15 MINUTEN / KÜHLZEIT 1 STUNDE

EISKALTE GURKENSUPPE MIT MINZE

1 **Salatgurke**

2 **Tomaten**

1 Stange **Staudensellerie**

3–4 Stiele **Minze**

1 **Knoblauchzehe**

250 ml **Milch**

Salz

Pfeffer

1. Gurke und Tomaten waschen. Die Gurke nach Belieben streifig schälen und in kleine Stücke schneiden. Stielansatz der Tomaten entfernen und die Tomaten klein schneiden. Den Sellerie putzen, waschen und fein hacken. Die Minze waschen, trocken schütteln und die Blätter abzupfen.

2. Den Knoblauch abziehen und in den Mixer durchpressen. Vorbereitete Zutaten und die Milch zugießen und alles pürieren. Mit Salz und Pfeffer abschmecken und eventuell etwas Wasser hinzufügen. Mindestens 1 Stunde kühl stellen.

3. Die Gurkensuppe eiskalt servieren.

FÜR 6 PORTIONEN / ZUBEREITUNGSZEIT 15 MINUTEN / KOCHZEIT 15 MINUTEN / KÜHLZEIT 3 STUNDEN

KALTE ZUCCHINISUPPE

MIT INGWER UND EINGELEGTER ZITRONE

1 kg **Zucchini**

2 **Zwiebeln**

1 Stück **frischer Ingwer** (etwa Daumengröße)

1 EL **Olivenöl**

Salz

Pfeffer

1 **in Salz eingelegte Zitrone** *

1. Die Zucchini waschen und in Stücke schneiden. Zwiebeln abziehen, Ingwer schälen. Beides fein hacken und 5 Minuten im heißen Olivenöl anschwitzen. Zucchini mit etwas Wasser zugeben, sodass alles gerade von der Flüssigkeit bedeckt ist. Kurz aufkochen und etwa 10 Minuten köcheln lassen, bis die Zucchini weich sind. Mit Salz und Pfeffer würzen. Den Topf vom Herd nehmen, die Zucchini pürieren und mit Salz und Pfeffer abschmecken.

2. Die eingelegte Zitrone in hauchdünne Streifen schneiden, unter die Suppe rühren und abkühlen lassen. Zucchinisuppe mindestens 3 Stunden in den Kühlschrank stellen.

FÜR 4 PORTIONEN / ZUBEREITUNGSZEIT 40 MINUTEN / KOCHZEIT 5 MINUTEN / KÜHLZEIT 3 STUNDEN

EISKALTE RUCOLASUPPE

300 g **Rucola**

4 **Lauchzwiebeln**

1 EL **Olivenöl**

750 ml **Geflügelbrühe**

200 ml **Sahne**

Salz

Pfeffer

1. Rucola waschen und trocken schleudern. Von einer kleine Handvoll Blätter die Stiele abschneiden, Blätter beiseitestellen. Die Lauchzwiebeln waschen, putzen und ca. 2–3 cm Grün stehen lassen, grob hacken.

2. Lauchzwiebeln im heißen Olivenöl 2 Minuten anschwitzen, Rucola hinzufügen und die Hälfte der Brühe zugießen. Kurz aufkochen, den Topf vom Herd nehmen und pürieren. Die restliche Brühe und die Sahne zugießen und untermischen. 1 Stunde bei Zimmertemperatur abkühlen lassen und anschließend mindestens 2 Stunden in den Kühlschrank stellen.

3. Rucolasuppe vor dem Servieren kurz mit dem Schneebesen aufschlagen oder aufschäumen. Mit den beiseitegestellten Rucolablättern bestreuen und in Gläsern servieren.

FÜR 6 PORTIONEN / ZUBEREITUNGSZEIT 15 MINUTEN / KOCHZEIT 25 MINUTEN / KÜHLZEIT 3 STUNDEN

KALTE SPINATSUPPE MIT AVOCADO

500 g **Blattspinat** oder **TK-Blattspinat**

2 **Zwiebeln**

1 TL **Olivenöl**

1 l **Wasser**

Salz

Pfeffer

2 **Avocados**

Saft von 1 **Limette**

250 g **Naturjoghurt**

2 TL **Worcestersauce** oder **Sojasauce**

frisch geriebene Muskatnuss

1. Frischen Spinat gründlich waschen (TK-Spinat auftauen und gut abtropfen lassen). Die Zwiebeln abziehen und fein hacken.

2. Zwiebeln im heißen Olivenöl glasig anschwitzen. Den Spinat zugeben und zusammenfallen lassen. Wasser zugießen, mit Salz und Pfeffer würzen und 20 Minuten bei kleiner Hitze köcheln lassen. Den Topf vom Herd nehmen, den Spinat fein pürieren und vollständig abkühlen lassen.

3. Die Avocados schälen und den Kern entfernen. Das Fruchtfleisch in Würfel schneiden und mit dem Limettensaft beträufeln. Avocadowürfel und Joghurt in die kalte Spinatsuppe geben und erneut pürieren. Worcester- oder Sojasauce zufügen und mit Salz, Pfeffer und Muskat abschmecken, mindestens 1 Stunde in den Kühlschrank stellen.

FÜR 6 PORTIONEN / ZUBEREITUNGSZEIT 20 MINUTEN / KOCHZEIT 40 MINUTEN / KÜHLZEIT 3 STUNDEN

VICHYSSOISE

450 g **Lauch**

1 **Zwiebel**

500 g **mehligkochende Kartoffeln**

1 TL **Olivenöl**

350 ml **Wasser**

Salz

200 ml **Milch**

150 ml **Sahne**

Pfeffer

Serranoschinken oder **Schnittlauchröllchen** (nach Geschmack zum Garnieren)

1. Das Weiße vom Lauch waschen und klein schneiden. Die Zwiebel abziehen und klein hacken. Kartoffeln schälen und würfeln.

2. In einem Topf etwas Olivenöl erhitzen und die Zwiebel zugedeckt 5 Minuten darin dünsten. Den Lauch zugeben, untermischen und weitere 5 Minuten zugedeckt dünsten. Die Kartoffeln und das Wasser zugeben, salzen und zugedeckt 25 Minuten köcheln lassen, bis das Gemüse weich ist. Gegebenenfalls den Schaum entfernen.

3. Die Milch zugießen und weitere 5 Minuten köcheln lassen. Den Topf vom Herd nehmen und alles so lange pürieren, bis eine cremige Suppe entsteht. 1 Stunde bei Zimmertemperatur abkühlen lassen und anschließend mindestens 2 Stunden in den Kühlschrank stellen.

4. Vor dem Servieren die Sahne unterrühren, bei Bedarf noch einmal mit Salz und Pfeffer abschmecken und die Vichyssoise in Schälchen füllen. Nach Geschmack mit Streifen von Serranoschinken oder mit Schnittlauchröllchen garnieren.

FÜR 3 PORTIONEN / ZUBEREITUNGSZEIT 10 MINUTEN / KOCHZEIT 10 MINUTEN / KÜHLZEIT 90 MINUTEN

KALTE MAISSUPPE MIT PAPRIKA

1 **Zwiebel**

1 Stange **Staudensellerie**

1 **rote Paprikaschote**

1 EL **Olivenöl**

1 TL **Thymian**

400 g **Maiskörner**

250 ml **Wasser**

250 ml **Milch**

Salz

Pfeffer

1. Zwiebel abziehen, würfeln. Paprika halbieren, entkernen und waschen. Sellerie putzen und waschen. Beides getrennt würfeln.

2. In einem Topf das Olivenöl erhitzen. Zwiebel, Paprika und Thymian 5 Minuten darin anschwitzen, den Sellerie zugeben und 5 Minuten weitergaren. Wenn das Gemüse Farbe annimmt, den Topf vom Herd nehmen und den Mais hinzufügen. Wasser und Milch zugießen, salzen.

3. Alles pürieren, bis die Suppe richtig sämig wird, salzen, pfeffern und mindestens 90 Minuten in den Kühlschrank stellen.

FÜR 4 PORTIONEN / ZUBEREITUNGSZEIT 5 MINUTEN / KOCHZEIT 30 MINUTEN / KÜHLZEIT 2 STUNDEN

KALTE ERBSENSUPPE MIT MINZE

3 **Lauchzwiebeln** oder
1 **große weiße Zwiebel**

1 **Salatherz** oder
5–6 **Salatblätter**

500 g **frische** oder **TK-Erbsen**

500 ml **Wasser**

Salz

2 **Minzeblätter**

100 ml **Sahne**

1. Lauchzwiebeln waschen oder die Zwiebeln abziehen, fein hacken. Salat waschen, trocken schleudern und grob zerzupfen.

2. In einem Topf Lauchzwiebeln, Erbsen und Salat mit dem Wasser zum Kochen bringen, salzen und 25 Minuten köcheln lassen. Den Topf vom Herd nehmen, Minzeblätter zugeben, alles pürieren und mit Salz abschmecken. Abkühlen lassen und anschließend 2 Stunden in den Kühlschrank stellen.

3. Vor dem Servieren die Sahne einrühren.

FÜR 6 PORTIONEN / ZUBEREITUNGSZEIT 15 MINUTEN / KOCHZEIT 35 MINUTEN / KÜHLZEIT 4 STUNDEN

MÖHRENSUPPE MIT KOKOSMILCH

1 kg **Möhren**

2 **junge weiße Zwiebeln**

1 l **Wasser**

Salz

½ TL **gemahlener Koriander**

½ TL **gemahlener Kreuzkümmel**

½ TL **gemahlener Zimt**

250 ml **Kokosmilch**

Pfeffer

1. Die Möhren schälen und in Scheiben schneiden. Zwiebeln abziehen und würfeln.

2. In einem Topf Möhren mit Wasser, Salz und den Gewürzen aufkochen, dann ca. 30 Minuten bei kleiner Hitze köcheln lassen, bis die Möhren gar sind. Zwiebeln und Kokosmilch zugeben, alles pürieren, salzen, pfeffern und 1 Stunde abkühlen lassen. Anschließend mindestens 3 Stunden in den Kühlschrank stellen.

3. Die Möhrensuppe eiskalt servieren.

FÜR 4 PORTIONEN / ZUBEREITUNGSZEIT 20 MINUTEN / KOCHZEIT 40 MINUTEN / KÜHLZEIT 4 STUNDEN

MÖHREN-GAZPACHO

MIT ANANAS UND INGWER

500 g **Möhren**

1 Stück **frischer Ingwer** (etwa 2 Finger breit)

½ frische **Ananas** oder 1 kleine Dose abgetropfte **Ananasstücke**

1 große **Zwiebel**

1 TL **Olivenöl**

1 l **Wasser**

Salz

200 ml **Ananassaft**

Pfeffer

1. Möhren, Ingwer und Ananas schälen. Möhren in Scheiben schneiden. Zwiebel abziehen, mit dem Ingwer fein hacken. Ananas in kleine Stücke schneiden.

2. Olivenöl in einem Topf erhitzen. Zwiebel und Ingwer unter gelegentlichem Rühren darin anschwitzen. Möhren und Wasser zugeben, salzen und aufkochen. Bei mittlerer Hitze etwa 30 Minuten köcheln lassen, bis die Möhren weich sind. Den Topf vom Herd nehmen, Ananaswürfel und -saft zugeben und alles pürieren. Eventuell noch etwas Wasser hinzugießen und mit Salz und Pfeffer abschmecken. 1 Stunde bei Zimmertemperatur abkühlen lassen und anschließend mindestens 3 Stunden in den Kühlschrank stellen.

VARIANTE

Wer es gerne süß mag, lässt beim Kochen die Zwiebel weg und gibt lediglich 1 Prise Salz hinzu. Vor dem Pürieren noch 2 EL durchgesiebten Puderzucker unterrühren.

FÜR 4 PORTIONEN / ZUBEREITUNGSZEIT 15 MINUTEN / KÜHLZEIT 1 STUNDE

WASSERMELONENSUPPE

MIT INGWER UND LIMETTE

¼ **Wassermelone**

1 Stück **frischer Ingwer** (etwa Daumengröße)

½ **Salatgurke**

1 **unbehandelte Bio-Limette**

2 EL **Puderzucker**

1. Die Wassermelone schälen, entkernen und das Fruchtfleisch in Würfel schneiden. Den Ingwer schälen und fein hacken. Die Gurke schälen und in kleine Stücke schneiden. Die Limette heiß waschen und abtrocknen.
Die Schale mit einem Zestenreißer in feinen Streifen abziehen und beiseitestellen, den Saft auspressen.

2. Alle Zutaten, bis auf die Limettenschale, in den Mixer geben und pürieren, bis eine glatte Suppe entsteht. 1 Stunde kühl stellen.

3. Die Suppe vor dem Servieren mit den Limettenstreifen garnieren.

FÜR 4–5 PORTIONEN / ZUBEREITUNGSZEIT 10 MINUTEN / KÜHLZEIT 1 STUNDE

NEKTARINEN-HIMBEER-SUPPE

MIT BASILIKUM

6 **sehr reife Nektarinen**

Saft von 1 **Zitrone**

300 g **Himbeeren**

ca. 250 ml **eiskaltes Wasser**

Puderzucker (nach Geschmack)

2 Stiele **Basilikum**

1. Nektarinen waschen, vom Stein schneiden. Fruchtfleisch in kleine Stücke schneiden und mit Zitronensaft beträufeln. Die Himbeeren verlesen und ein Drittel beiseitelegen.

2. Übrige Früchte mit eiskaltem Wasser pürieren, bis eine Suppe entsteht, und nach Geschmack etwas Puderzucker zugeben. Mindestens 1 Stunde kühl stellen.

3. Basilikum waschen, trocken schütteln, die Blätter in feine Streifen schneiden. Die Suppe mit den beiseitegestellten Himbeeren und den Basilikumstreifen garnieren und servieren.

VARIANTE

Die Nektarinen können durch sehr reife, gehäutete Pfirsiche ersetzt werden.

FÜR 4 PORTIONEN / ZUBEREITUNGSZEIT 15 MINUTEN / MARINIEREN 4 STUNDEN / KÜHLZEIT 1 STUNDE

ERDBEERSUPPE MIT ACETO BALSAMICO

800 g **reife Erdbeeren**

6 EL **Aceto balsamico**

2 EL **Wasser**

200 g **Puderzucker**

125 g **Naturjoghurt**

evtl. **Saft** von ½ **Orange**

½ **unbehandelte Bio-Orange**

½ **unbehandelte Bio-Zitrone**

1. Erdbeeren waschen und entkelchen. Etwa 10 Erdbeeren halbieren, mit 2 EL Essig, 2 EL Wasser und 100 g Puderzucker mischen und kühl gestellt marinieren lassen.

2. Die restlichen Erdbeeren klein schneiden. Joghurt, 100 g Puderzucker und 4 EL Essig zugeben und alles pürieren. (Eventuell noch etwas Zucker zugeben, falls die Erdbeeren nicht sehr süß sind; sollten sie jedoch sehr reif sein, den Saft von ½ Orange zugießen.) Die Suppe 1 Stunde kühl stellen.

3. Orange und Zitrone heiß waschen, abtrocknen und mit einem Zesten-reißer Zesten abziehen. Die Suppe in Teller füllen, und mit den marinierten Erdbeeren, etwas Marinade und den Zesten garnieren.

DANKSAGUNG

An erster Stelle möchte ich Fritz danken, der immer da ist, um mir zu helfen. Außerdem danke ich Pauline, Nohémie, Fanny, Rose-Marie und den anderen Mädels von Marabout für ihre Unterstützung. Und natürlich Emmanuel! Zum Schluss ein riesen Dankeschön an Élodie und Charlotte für ihre tolle Arbeit.

ÜBER DIE AUTORIN

Anne-Catherine Bley arbeitete zunächst im Marketing, bis sie Ihre Liebe zur Gastronomie entdeckte. Sie eröffnete im Jahr 2000 in Paris ihre erste Suppen-Bar. Ihre Begeisterung für frisches Gemüse und unterschiedlichste Aromen hat neue und originelle Suppenkreationen hervorgebracht, die häufig auf traditionellen Rezepten basieren. Suppen für jeden Anlass – als Vorspeise, für ein Candle-Light-Dinner oder einfach für einen gemütlichen Abend mit Freunden …

ABKÜRZUNGEN

EL = Esslöffel
TL = Teelöffel
ml = Milliliter (1/1000 l)
g = Gramm
kg = Kilogramm
cm = Zentimeter
mm = Millimeter (1/10 cm)

IMPRESSUM

Die französische Originalausgabe erschien 2011 unter dem Titel »Soupes toutes fraîches & Gaspachos« bei Hachette Livre – Marabout.

Printed in China 2012

5 4 3 2 1 | 2014 2013 2012 2011
ISBN 978-3-7750-0625-5

www.haedecke-verlag.de

Fotos: Charlotte Lascève • **Foodstyling:** Élodie Rambaud
Übersetzung aus dem Französischen: Franziska Weyer • **Redaktion der deutschen Ausgabe:** Dr. Stephanie Kloster, Hamburg
Gestaltung der deutschen Ausgabe: Julia Graff, Design & Produktion, Stuttgart